Bibliografische Information der Deutschen Nationalbibliothek:

Die Deutsche Bibliothek verzeichnet diese Publikation in der Deutschen National-
bibliografie; detaillierte bibliografische Daten sind im Internet über http://dnb.d-
nb.de/ abrufbar.

Impressum:

Copyright © 2013 GRIN Verlag
Druck und Bindung: Books on Demand GmbH, Norderstedt Germany
ISBN: 9783668721845

Dieses Buch bei GRIN:

https://www.grin.com/document/426793

Dennis Schindeldecker

Architektur eines Data Warehouse (Datenbankmanagement)

Architekturkomponenten von Data Warehouse Systemen und deren Zusammenspiel

GRIN Verlag

GRIN - Your knowledge has value

Der GRIN Verlag publiziert seit 1998 wissenschaftliche Arbeiten von Studenten, Hochschullehrern und anderen Akademikern als eBook und gedrucktes Buch. Die Verlagswebsite www.grin.com ist die ideale Plattform zur Veröffentlichung von Hausarbeiten, Abschlussarbeiten, wissenschaftlichen Aufsätzen, Dissertationen und Fachbüchern.

Besuchen Sie uns im Internet:

http://www.grin.com/

http://www.facebook.com/grincom

http://www.twitter.com/grin_com

Architektur eines Data Warehouse

Architekturkomponenten und deren Zusammenspiel von Data Warehouse Systemen

Seminararbeit
Im Modul „Datenbankmanagement"

FOM - Hochschule
Studiengang Wirtschaftsinformatik, WS 2012/2013, Standort Mannheim

eingereicht von:

Dennis Schindeldecker

eingereicht am 05. Januar 2013

Vorwort

Die vorliegende wissenschaftliche Arbeit entstand im Zeitraum vom 24.09.2012 bis 05.01.2013 an der FOM Hochschule am Studienstandort Mannheim. Die formale Gestaltung der Arbeit richtet sich nach dem offiziellen Leitfaden für Gestaltung wissenschaftlicher Arbeiten der FOM Hochschule sowie nach den Vorgaben und der Zitierrichtlinie des betreuenden Dozenten. Inhaltlich umfasst die Arbeit den Themenbereich „Architektur eines Data Warehouse". Das Thema der Arbeit wurde im Modul „Datenbankmanagement" vergeben und ist Bestandteil der zu erbringenden Prüfungsleistung im genannten Modul. Ziel der Arbeit ist die umfassende und wissenschaftliche Betrachtung des Themengebiets mit all seinen wesentlichen Aspekten.

Mannheim, den 05.01.2013   Dennis Schindeldecker

Inhaltsverzeichnis

Abbildungsverzeichnis

1. Einleitung

Boden, Arbeit und Kapital. Die drei klassischen Produktionsfaktoren in unserer Gesellschaft. Doch schon seit langem werden in unserer sogenannten Informationsgesellschaft auch Informationen als vierter Produktionsfaktor mit hinzugerechnet.

Informationen spielen in der Wissenschaft und Betriebswirtschaft eine wesentliche Rolle. Auf Basis von Informationen werden Entscheidungen getroffen. Entscheidungen die für den weiteren Einsatz und die Notwendigkeit der drei anderen Produktionsfaktoren elementar sind. Steht ein Unternehmen beispielsweise vor der Wahl ob ein neues Produkt eingeführt werden soll, so sind hierfür im Vorfeld umfangreiche Daten und Informationen notwendig (z.B. über Kunden, über Märkte, über das eigene Unternehmen). Sind die zugrundeliegenden Daten für diese Informationen fehlerhalt, ungenügend, falsch aufbereitet oder unzureichend, so werden falsche oder nicht optimale Entscheidungen getroffen.

1.1 Relevanz des Themas

Das oben genannte Beispiel unterstreicht die Bedeutung einer strukturierten Datenspeicherung, Datenverarbeitung und vor allem Datenanalyse. Daten in unterschiedlichen Datenbanksystemen zu erfassen ist nichts Neues. In jedem Unternehmen werden Personaldaten eingegeben oder Daten zu Verkäufen erfasst. Die Verarbeitung und Verwaltung dieser Daten geschieht aber im Großteil autonom in Verantwortung des jeweiligen Bereiches / Abteilung. Schwierig wird es nun, wenn Entscheidungen getroffen werden müssen, die mehrere Unternehmensbereiche gleichzeitig tangieren und dadurch aus diesen betroffenen Bereichen unterschiedlich gespeicherte Daten herangezogen werden müssen. Nicht selten werden die verschiedenen Daten noch zusätzlich in völlig heterogener Qualität, Datenformaten, Datenmodellen und Datenbanksystemen gehalten. Dies erhöht die Komplexität noch weiter. Es wird daher eine Plattform benötigt, welche die bestehenden Daten unterschiedlicher Quellen integriert und durch eine integrierte Sicht auf beliebige Daten Analysezwecke ermöglicht. Das Data Warehouse.

Ein Data Warehouse dient der Integration eines zentralen, analyseorientierten Datenbestandes um Entscheidungsprozesse zu vereinfachen. Aufgrund seiner speziellen Funktion werden auch verschiedene Anforderungen an ein Data Warehouse System gestellt. Diese Anforderungen müssen bei der Konzeption und Gestaltung eines Data Warehouse Systems berücksichtigt werden. Ein entscheidender Punkt ist dabei dessen Aufbau und Architektur. Von außen betrachtet ist das Data Warehouse System ein monolithisches Informationssystem zur Analyse von Daten, welches allerdings durch eine spezifische Architektur beschrieben werden kann. Diese Architektur definiert sich einerseits aus einzelnen, statischen Komponenten und andererseits aus

Daten- und Kontrollflüssen welche die Interaktion dieser einzelnen Komponenten miteinander beschreiben.

Diese grundlegenden architektonischen Punkte bilden die Basis für ein ausgereiftes und effizientes Data Warehouse System und sind daher in dessen Kontext ganz besonders zu betrachten.

1.2 Zielsetzung der Arbeit

Innerhalb dieser wissenschaftlichen Arbeit sollen alle wesentlichen Aspekte der Architektur eines Data Warehouse Systems betrachtet werden. Zu Beginn und zum gemeinsamen Verständnis werden daher zuerst die grundlegenden Begrifflichkeiten weiter definiert und beschrieben. Im darauf folgenden Kapitel wird der Grundstein gelegt und es werden zuerst die wesentlichen Anforderungen an die Architektur eines Data Warehouse Systems beschrieben, um dann eine Referenzarchitektur mit der Beschreibung seiner wichtigsten Architekturkomponenten vorzunehmen. Während dieses Kapitel eine funktionsorientierte Beschreibung der Komponenten vorsieht, steht im nächsten Kapitel die Dynamik der Komponenten und deren Zusammenspiel im sogenannten Data Warehouse Prozess im Vordergrund. Die zuvor erarbeiteten Grundlagen bilden nun im darauffolgenden fünften Kapitel die Basis für einen Transfer der Theorie in die Praxis. Hier soll an einem selbstgewählten fiktiven Unternehmen die beschriebene Architektur mit seinen Komponenten praxisnah erprobt werden. Letztendlich rundet eine kritische Betrachtung und ein Fazit die wissenschaftliche Arbeit ab.

Aufgrund der Komplexität und des Umfangs des Themenbereiches soll der Fokus primär auf der Architektur eines Data Warehouse Systems liegen. Weitere Bereiche wie die Entwicklung, die Modellierung und Anwendung eines Data Warehouse Systems oder eng verbundene Themenbereiche wie OLTP, Business Intelligence, Business Analytics, multidimensionale Datenmodelle, etc. werden daher nur an den tangierenden Stellen, soweit für das Verständnis erforderlich, umrissen. Eine vollumfängliche Beschreibung der oben genannten Bereiche findet aufgrund des Umfangs der Arbeit nicht statt.

2. Begriffliche und inhaltliche Einordnung

Als Grundlage für die folgenden Kapitel und zum gemeinsamen Verständnis sollen zu Beginn die wesentlichen Begrifflichkeiten in Bezug auf die Architektur eines Data Warehouse näher beleuchtet werden.

2.1 Data Warehouse

Die in der Literatur wohl am weitesten verbreitete und am häufigsten zitierte Definition des Begriffes Data Warehouse geht auf den amerikanischen Berater William H. Inmon im Jahre 1996 zurück: *„A data warehouse is a subject oriented, integrated, non-volatile, and time variant collection of data in support of management's decisions."* (INMON 1996, S. 33). Aus dieser Definition lassen sich vier grundlegende Eigenschaften beschreiben. Alle Eigenschaften können der Entscheidungsunterstützung dienen. Diese sind:

- **Fachorientierung (engl. subject orientation):** Ein Data Warehouse beinhaltet Daten, die für die Unterstützung von Entscheidungsprozessen, unter Berücksichtigung eines spezifischen Anwendungsziels, relevant sind. Nicht für operative Prozesse, wie beispielsweise eine Personaldatenverwaltung.

- **Integrierte Datenbasis (engl. integration):** In einem Data Warehouse werden Daten, die aus heterogenen, operativen Systemen stammen, in einer integrierten Datenbasis und in einheitlicher Form gehalten.

- **Nicht flüchtige Datenbasis (engl. non-volatile):** Daten, die in ein Data Warehouse geladen wurden, können als stabil betrachtet werden. Diese Daten werden in der Regel nicht mehr verändert oder gelöscht.

- **Historische Daten (engl. time variance):** Eine Datenhistorie ermöglicht eine Analyse über zeitliche Veränderungen und Entwicklungen. Daher ist es notwendig, Daten über einen längeren Zeitraum zu halten.

2.2 Data Warehouse System

Das Data Warehouse ist in ein Data Warehouse System eingebettet. Das Data Warehouse System umfasst im Gegenzug zum Data Warehouse nicht nur die eigentliche Datenbank, sondern die gesamte Umgebung zur Beschaffung, Speicherung und Auswertung von Daten. Dies umfasst alle für die Integration und Analyse notwendigen Komponenten. Für die Integration sind die Komponenten der Datenbeschaffung hervorzuheben, für die Analyse die entsprechenden Analysekomponenten. Eine Basisdatenbank dient letztendlich zur Haltung des homogenen Daten-bestands in der Umgebung. Alle genannten Komponenten haben einen statischen Charakter (vgl. LEHNER 2003, S. 9f; BAUER, GÜNZEL 2009, S. 8f; FARKISCH 2011, S. 7).

2.3 Data Warehousing

Der Data Warehouse Prozess (auch Data Warehousing) beschreibt hingegen den dynamischen Vorgang bzw. Prozess angefangen vom Datenbeschaffungsprozess über deren Speicherung bis hin zum Analyseergebnis beim Anwender; d.h. Data Warehousing beschreibt den Fluss und die Verarbeitung der Daten aus den Datenquellen bis hin zum Analyseergebnis beim Anwender. Der Data Warehouse Prozess lässt sich in verschiedene Schritte gliedern. Dazu zählen insbesondere die Extraktion der relevanten Daten aus den unterschiedlichen Quellsystemen, deren Transfor-mation (mit Datenbereinigung), sowie die Integration, Analyse und Auswertung dieser Daten (vgl. BAUER, GÜNZEL 2009, S. 8f; FARKISCH 2011, S.8).

2.4 Architektur

Der Begriff Architektur stammt eigentlich aus dem Bereich von Bauwerken und beschreibt dort den Aufbau von Gebäuden, Objekten oder Gegenständen. Dort übernimmt eine Architektur pri-mär drei Aufgaben: Sie erfüllt die geforderten Anforderungen, ist entsprechend robust gegen Änderungen und äußere Einwirkungen und weist eine definierte Ästhetik auf. Eine Architektur ist durch statische Komponenten (strukturbildenden Komponenten) als auch durch dynamische Komponenten (das Zusammenspiel der Komponenten) geprägt.

Eine solche Definition des Begriffes kann auch auf die Architektur eines Data Warehouse Sys-tems übertragen werden. Genau wie ein Bauwerk ist auch ein Data Warehouse System von au-ßen betrachtet eine funktionierende monolithische Einheit. Im Detail betrachtet besteht aber auch ein Data Warehouse System aus statischen und dynamischen Komponenten (siehe Kapitel 2.2, 2.3). Die Architektur eines Data Warehouse Systems lässt sich daher als die Struktur be-schreiben, die alle Komponenten eines Data Warehouses Systems und deren Zusammenspiel vereint (vgl. PONNIAH 2001, S. 127; BAUER, GÜNZEL 2009, S. 3).

2.5 Differenzierung operativer und informativer Systeme

Aufgrund der aufgeführten Definitionen, Funktionen und Charakteristika von Data Warehouse Systemen können diese grundsätzlich von operativen Systemen unterschieden werden. Betrieb-liche Anwendungssysteme die den täglichen Geschäftsablauf von Unternehmen unterstützen (z.B. Auftragserfassungs-, Lagerverwaltungs-, Buchführungssysteme) werden häufig als operative Systeme bezeichnet und unterliegen dem Verarbeitungskonzept On-Line Transaction Processing (OLTP). In operativen Systemen werden aktuelle Daten zu bestimmten Geschäftsvorfällen anwendungsbezogen in dedizierten Datenbanken hinterlegt. Hauptanwender sind primär Sachbearbeiter die häufige Transaktionen (lesende und schreibende Zugriffe) während des Tagesgeschäftes vornehmen. Als zentrale Datenstruktur für operative Datenbanken bzw. im OLTP-Bereich gilt die zweidimensionale Darstellung in Form von Tabellen.

Das Gegenteil dazu bilden Entscheidungsunterstützungssysteme bzw. informative Systeme (Data Warehouse Systeme), welche sich durch das Verarbeitungskonzept On-Line Analytical Processing (OLAP) von den operativen Systemen abgrenzen. Hauptaufgabe dieser Systeme ist die Datenintegration heterogener Quellen und die Analysefunktion. Die Datenintegration bzw. die Datenaktualisierung erfolgt meist periodisch durch Abzüge aus den operativen Systemen. Diese Daten werden in multidimensionalen Datenstrukturen und mit historischen Verlaufsdaten gehalten. Hauptanwender sind primär Manager, Controller und Analysten (vgl. BÖHNLEIN, ULBRICH-VOM ENDE 2000, S. 2f: GOEKEN 2006, S. 20f; BAUER, GÜNZEL 2009, S. 9-11).

	Kriterium	Operative Datenbanken	Informative Datenbanken, Data Warehouse
Allgemein	Verarbeitungskonzept	OLTP	OLAP
	Funktion	Abwicklung von Geschäfts-vorfällen	Entscheidungsunterstützung, analytische Operationen
Daten	Datenstruktur	zweidimensional, anwen-dungsbezogen	multidimensional, subjektbezo-gen
	Datenvolumen	Megabyte-Gigabyte	Gigabyte-Terrabyte
	Datenupdate	Hohe Frequenz, permanent	Periodisch, definierte Zeitpunkte
	Dateneigenschaften	nicht abgeleitet, zeitaktuell, autonom, dynamisch	abgeleitet, konsolidiert, historisiert, integriert, stabil
Anfragen	Zugriff	Lesen, Schreiben, Löschen	Lesen, periodisches Hinzufügen
	Anfragestruktur	Einfach strukturiert	komplexe Abfragen
	Anfragebereich	Einzeltupelzugriff	Bereichsanfragen
	Antwortzeit	Millisekunden bis Sekunden (schnell)	Sekunden bis Minuten (mittel bis lang)
Anwender	Anwendertyp	Sachbearbeiter	Entscheidungsträger, Manager
	Anwenderzahl	sehr viele	wenige (bis einige hunderte)
	Aktivitäten	Detailliert, operativ	Analytisch, taktisch/strate-gisch

Tabelle 2-1: Gegenüberstellung operativer Datenbanken und informativer Datenbanken (Data Warehouses)

3. Aufbau und Architektur eines Data Warehouse Systems

Nachdem eine begriffliche Einordnung und Abgrenzung erfolgt ist, soll nun auf den Aufbau und die Architektur eines Data Warehouse Systems eingegangen werden.

3.1 Anforderungen

In Hinblick auf die Architektur eines Data Warehouse Systems sind im Vorfeld einige generelle Anforderungen zu nennen, denen ein Data Warehouse System gerecht werden sollte. Diese sind (vgl. KIMBAL 2002, S. 3f; FARKISCH 2011, S. 56):

- **Unabhängigkeit**: Eine klare Trennung und Unabhängigkeit zwischen den Datenquellen (operativen Systemen) und dem Analysesystem (Data Warehouse System) muss gegeben sein. Die Unabhängigkeit bezieht sich vor allem auf die Verfügbarkeit, die Belastung sowie auf die laufenden Änderungen der Datenlieferung. Eine Analyse der Daten soll unabhängig von den Systemen, aus denen die Daten stammen, möglich sein.

- **Persistenz**: Ein Data Warehouse System muss eine persistente Datenhaltung durch eine dauerhaft bereitgestellte Struktur der abgeleiteten, integrierten und konsolidierten Daten sowie deren formelle und semantische Eindeutigkeit ermöglichen.

- **Wiederverwendbarkeit**: Die bereitgestellten Daten eines Data Warehouse Systems müssen beliebig oft wiederverwendet werden können.

- **Flexibilität**: Die in einem Data Warehouse System integrierten und abgeleiteten Daten müssen prinzipiell für nachfolgende Auswertungen herangezogen werden können.

- **Individualität**: Ein Data Warehouse System soll möglichst viele individuelle Sichten bezüglich der Datenstrukturen und Zeithorizonte ermöglichen und für den Anwender die notwendigen und geeignete Werkzeuge für Auswerte- und Analyseszenarien bereitstellen.

- **Skalierbarkeit**: Erweiterungen (z.B. die Integration neuer Datenquellen oder Erweiterung des Data Warehouse Systems) müssen einfach und ohne negative Auswirkungen auf die bisherige Architektur durchgeführt werden können.

- **Effizienz**: Die Abläufe, Prozesse und Prozessschritte in einem Data Warehouse System sollten vollkommen transparent und weitestgehend automatisiert sein (z.B. eine automatisierte Reporterstellung).

Es können weitere spezifische Anforderungen (z.B. durch die Umgebung, Anwender, etc.) an die Architektur eines Data Warehouse Systems gestellt werden. Diese gilt es im Rahmen eines Anforderungsmanagements im jeweiligen Entwicklungsprozess/-modell zu definieren, zu spezifizieren und zu berücksichtigen.

3.2 Referenzarchitektur

Nachdem die grundlegenden Anforderungen an ein Data Warehouse System behandelt wurden, kann nun der Blickwinkel auf die Architektur gelegt werden. Diese versteht sich als gegliederter Aufbau vergleichbar mit einem Bauwerk. Daraus ergeben sich sowohl unterschiedliche Komponenten innerhalb der Architektur als auch unterschiedliche Ebenen, in denen die Komponenten anzusiedeln sind. Da sowohl die Beschreibung der Komponenten als auch die Ebenstruktur in der Literatur sehr stark variiert, soll hier eine um Ebenen erweiterte Referenzarchitektur eines Data Warehouse Systems in Anlehnung an BAUER und GÜNZEL (2009, S. 38ff) angeführt werden. Die Referenzarchitektur ermöglicht Vergleiche zwischen Data Warehouse Systemen und dient gleichzeitig als Basis für deren Implementierung.

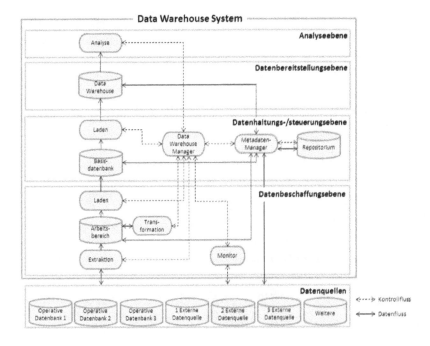

Abb. 3-1: Darstellung der Referenzarchitektur (i.A.a. BAUER, GÜNZEL 2009, S. 38)

3.3 Beschreibung der einzelnen Ebenen und Komponenten

Im Folgenden sollen nun die einzelnen Komponenten sowie deren Zusammenspiel in der Architektur basierend auf den angesiedelten Ebenen näher beschrieben werden.

3.3.1 Datenquellen

Die Betrachtung eines Data Warehouse Systems geht von seinen Datenquellen aus. Diese sind allerdings selbst kein Bestandteil des Data Warehouse Systems. Dennoch stellen die Datenquellen den Ausgangspunkt und die elementare Grundlage für jedes Data Warehouse System dar. Die zu integrierenden, meist sehr heterogenen Datenquellen können entweder aus operativen Systemen, externen Quellen oder sonstigen Datenquellen (z.B. Flat Files, Tabellenkalkulationsprogramme, Batchdaten, etc.) stammen. Der Auswahl geeigneter Datenquellen kommt eine ganz besondere Bedeutung zu, da das resultierende Analyseergebnis eines jeden Data Warehouse nur so gut wie die Beschaffenheit der Quelldaten sein kann (vgl. WREMBEL, KONCILIA 2007, S. 77ff; FAKRISCH 2011, S. 58). Bei der Auswahl der Datenquellen sollte daher der Fokus auf nachfolgende Faktoren gelegt werden (vgl. BAUER, GÜNZEL 2009, S. 41ff):

1. **Zweck des Data Warehouse Systems:** Die Auswahl der Datenquellen ist unmittelbar von dem angestrebten Verwendungszweck des Data Warehouse Systems abhängig. So kann beispielsweise die einmalige Aufstellung aller wichtigen betriebswirtschaftlichen Kennzahlen, aufgrund der Bewertung für den Börsengang eines Unternehmens, nicht als Datenquellen für ein Data Warehouse im Controlling genutzt werden. Grund hierfür ist, dass die Aufstellung nicht fortgeschrieben wurde, wäre dies der Fall, könnte diese Quelle auch als Datenquelle für oben genanntes Beispiel dienen.

2. **Qualität der Quelldaten:** Alle Datenquellen sollten die wohldefinierte Datenqualität bereitstellen können. Hierbei kann es zu massiven Qualitätsmängel kommen, welche sich in unterschiedlichen Bereichen widerspiegeln können:

   - Inkorrekte Daten (z.B. durch Fehleingabe)
   - Uneinheitliche/Widersprüchliche Daten
   - Duplikate und Redundanzen im Datenbestand
   - Unvollständige Daten
   - Inkonsistente Daten

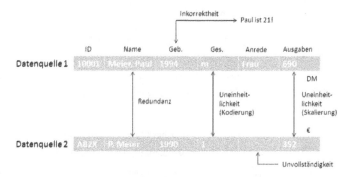

Abb. 3-2: Beispiel von Datenqualitätsmängeln (i. A. a. BAUER, GÜNZEL 2009, S. 43)

Im Vorfeld sind daher entsprechende Qualitätsanforderungen an die Quelldaten zu stellen, die dann bei der Evaluierung der Datenquellen überprüft werden sollten.

3. **Verfügbarkeit der Quelldaten:** Die Definition der Quelldaten ist nicht gleichbedeutend mit deren Verfügbarkeit. Es muss daher sichergestellt werden, dass die zu verwendenden Daten auch verfügbar sind. Hierbei können organisatorische und technische Voraussetzungen betrachtet werden:

- Organisatorisch:
  - Dürfen die Datenquellen (insbesondere externe Quellen) auch rechtlich verwendet werden (Datenschutzgesetz)?
  - Hat der Betriebsrat, im Falle von personenbezogenen Daten, deren Nutzung im vorgesehenen Maße zugestimmt?
  - Hat der Besitzer der Daten deren Weitergabe in das Data Warehouse System gewährt?
  - Sind Daten vertraulich zu behandeln und bietet das Data Warehouse System die hierfür geforderten Sicherheitsmechanismen?
- Technisch:
  - Ist ein Datenzugriff überhaupt technisch möglich?
  - Ist der Datenzugriff bei der Übertragung abgesichert und können die Daten hinreichend schnell übermittelt werden?

4. **Preis für den Erwerb der Quelldaten:** Letztendlich spielt der Preis für den Erwerb der Quelldaten (sowohl bei externen als auch internen Datenquellen) eine wesentliche Rolle. Die hier anfallenden Kosten sind in das Projekt für das Data Warehouse System mit einzukalkulieren und sollten daher bei der Auswahl mit berücksichtigt werden.

3.3.2 Datenbeschaffungsebene

Nach den Datenquellen ist die Datenbeschaffungsebene die erste Ebene eines Data Warehouse Systems. Ihre Zielsetzung ist die Sicherstellung der Versorgung des Data Warehouse Systems mit Daten aus den unterschiedlichen Quellsystemen. Innerhalb dieser Ebene werden Daten der Quellsysteme physisch in den Bereich des Data Warehouse Systems geladen, gesäubert und zusammengefasst (vgl. LEHNER 2003, S. 22).

Der Datenbeschaffungsbereich beschreibt daher all diejenigen Komponenten eines Data Warehouse Systems, die funktional zwischen den Datenquellen und der Basisdatenbank anzusiedeln sind. Hierzu zählen sowohl die ETL-Komponenten als auch der Arbeitsbereich und der Monitor.

Monitor: Der Monitor ist für die Identifikation von Datenmanipulationen in den Datenquellen verantwortlich. Damit sowohl die Basisdatenbank als auch das Data Warehouse aktuelle Daten halten, müssen Aktualisierungen inkrementell beobachtet und verfolgt werden. Die konkrete Funktion des Monitors hängt unmittelbar von den angeschlossenen Datenquellen und deren Charakteristika sowie von den Anforderungen der Analysekomponente ab. Aus diesem Grund existiert in der Regel je Datenquelle ein Monitor (vgl. BAUER, GÜNZEL 2009, S. 49).

Arbeitsbereich: Innerhalb des Arbeitsbereiches (engl. Staging Area) werden Daten auf ihrem Weg von den Datenquellen in die Basisdatenbank temporär zwischengespeichert. Alle notwendigen Datentransformationen können dann direkt im Arbeitsbereich durchgeführt werden, ohne negative Folgen auf den laufenden Betrieb der Datenquellen oder der Basisdatenbank (vgl. BAUER, GÜNZEL 2009, S. 51).

ETL (Extraktion, Transformation, Laden): Mithilfe der **Extraktionskomponente** werden die Daten aus den Quellsystemen in den Arbeitsbereich übertragen. Hierbei werden bereits fundamentale Fehlerbeseitigungen durchgeführt und die Daten zur Modifikation vorbereitet. Zusätzlich kommt der Extraktionskomponente die Aufgabe zu, die Auswahl der Quellen bzw. Ausschnitte von Quellen, die in das Data Warehouse System importiert werden sollen, zu steuern. Hierbei ist wiederum der Zweck des Data Warehouse Systems (siehe Kapitel 3.3.1) entscheidend, da dadurch unter Umständen spezielle Anforderungen an die Relevanz und Beschaffenheit der Daten gestellt werden (vgl. KIMBALL, ROSS 2002, S. 7f; GOEKEN 2006, S. 29).

Die **Transformationskomponente** sorgt für den korrekten Zustand der Daten (Qualität), bevor diese in die Basisdatenbank geladen werden. Dies betrifft sowohl strukturelle Aspekte wie beispielsweise die Schemaintegration (Beseitigung von Inkonsistenzen auf Schemaebene) als auch inhaltliche Punkte wie die Datenintegration und Datenbereinigung. Zusätzlich werden durch die Transformationskomponente künstliche Schlüsse (Surrogate Keys) angelegt, da nicht sichergestellt ist, dass die Schlüssel der Quellsysteme Verwendung finden können (vgl. KIMBALL, ROSS 2002, S.8; BAUER, GÜNZEL 2009, S. 52f). Der letzte Bestandteil der ETL – Komponenten ist die **Ladekomponente**. Nachdem die Datentransformation abgeschlossen ist, liegen im Arbeitsbereich die bereinigten und aufbereiteten Daten vor. Die Ladekomponente greift nun auf diese Daten zu und leitet diese Daten an die Basisdatenbank weiter. Es werden sowohl analyseunabhängige Detaildaten als auch analysespezifische Daten (z.B. Aggregate) in die Basisdatenbank geladen. Üblicherweise wird innerhalb der Ladekomponente das Ladewerkzeug des zugrundeliegenden Datenbankmanagementsystems (z.B. den SQL*Loader von Oracle) verwendet. Man unterscheidet weiterhin zwischen dem ersten Ladevorgang (Data Loading), im Zuge der Data Warehouse Entwicklung, und den permanenten bzw. periodischen Datenaktualisierungen während der Nutzung (Data Refreshment) (vgl. DODGE, GORMAN 2000, S.320f; GOEKEN 2006, S. 30; BAUER, GÜNZEL 2009, S. 53).

3.3.3 Datenhaltungs- und Datensteuerungsebene

Die auf der Datenerfassungsebene bereinigten und harmonisierten Daten gehen im nächsten Schritt auf die Datenhaltungs-/Datensteuerungsebene über. Diese besteht im Wesentlichen aus einer Basisdatenbank, welche als zentrale Datenbasis dient, sowie einem Repositorium für die Ablage der Metadaten. Der Data Warehouse Manager und der Metadaten Manager regeln als zusätzliche Steuerungskomponenten den Daten- und Kontrollfluss.

Data Warehouse Manager: Die zentrale Steuerungskomponente eines Data Warehouse Systems bildet der Data Warehouse Manager. Dieser ist für die Initiierung, Steuerung und Überwachung der einzelnen Prozesse (von der Extraktion aus den Datenquellen bis hin zur Analyse der Daten im Data Warehouse) zuständig. Er übernimmt hierbei die zentrale Steuerung aller an den Prozessen beteiligten Komponenten (Monitore, ETL-Komponenten, Analysekomponenten). Einer wesentlichen Bedeutung kommt in diesem Zusammenhang die Initiierung des Datenbeschaffungsprozesses durch den Data Warehouse Manager zu. Dieser kann in verschiedener Art und Weise (regelmäßigen Zeitintervallen, in Abhängigkeit von Datenänderungen, auf explizites Verlangen eines Anwenders) erfolgen. Sobald der Datenbeschaffungsprozess angestoßen wurde, steuert der Data Warehouse Manager die einzelnen Aufgaben und Schritte innerhalb dieses Prozesses. In den meisten Fällen findet der Datenbeschaffungsprozess sequentiell statt, d.h. der Data Warehouse Manager wartet auf die Vollendung eines bestimmten Schrittes, bevor der nächste angestoßen wird. Vereinzelt können bestimmte Schritte auch parallel erfolgen, z.B. bei der Extraktion aus den Datenquellen, wenn diese keine Abhängigkeiten untereinander aufweisen. Für die Steuerung der einzelnen Schritte verwendet der Data Warehouse Manager Informationen die im Repositorium abgelegt sind. Er ist daher in einer stetigen Kommunikation mit dem Metadaten Manager. Letztendlich werden eventuell auftretende Fehler durch den Data Warehouse Manager dokumentiert und (abhängig seiner Konfiguration) bestimmte Wiederanlaufmechanismen bereitgestellt, sodass beim Abbruch eines Prozesses nicht der komplette Prozess erneut durchlaufen werden muss (vgl. BAUER, GÜNZEL 2009, S. 39f).

Basisdatenbank: Die Basisdatenbank (auch konsolidierte Datenbank, operative Datenbasis, etc.) stellt die Stufe zwischen dem Arbeitsbereich und dem Data Warehouse dar. Sie dient als integrierte Datenbasis. Die Basisdatenbank orientiert sich allerdings nicht an spezifischen Analysebedürfnissen des Data Warehouse, sondern ist durch eine Anwendungsneutralität gekennzeichnet. Hierin liegt der Vorteil der Basisdatenbank, da durch die Anwendungsneutralität eine Mehrfachverwendung und Flexibilität in der Nutzung der Daten möglich ist. Zusätzlich sind die Datenhaltung (Basisdatenbank) und die Datenaufbereitung/-analyse (Arbeitsbereich, Data Warehouse) klar voneinander getrennt, was sich insbesondere in einer erhöhten Spezialisierung der einzelnen Komponenten widerspiegelt. Aufgrund der vorgegangenen Aufgaben des Arbeitsbereiches sind die Daten ebenfalls in der nötigen Granularität, bereinigt und integriert vorhanden. Die Daten der Basisdatenbank können an ein oder mehrere Data Warehouses übertragen werden. Zusätzlich besteht die Möglichkeit die Daten für weitere zentrale (operative) Systeme zur Verfügung zu stellen. Die Basisdatenbank nimmt daher zusammenfassend eine Sammel-, Integrations-, Distributions- und Qualitätssicherungsfunktion war (vgl. BAUER, GÜNZEL 2009, S. 53ff).

Repositorium: Im Repositorium sind alle Metadaten des Data Warehouse Systems abgelegt. Hierbei bezeichnen Metadaten alle Informationen, die den Aufbau, die Wartung und die Administration des Data Warehouse Systems beschreiben und somit vereinfachen. Bei den Metadaten handelt es sich um Informationen aus den Datenquellen, dem Arbeitsbereich, der Basisdatenbank und dem Data Warehouse. Beispiele hierfür sind: Konzeptuelle und logische Datenbankschemata, physische Speicherinformationen, Zugriffsrechte, Anzahl der geladenen Datensätze oder Informationen über die Data Warehouse Prozesse. Letztgenannte sind besonders interessant, da sich durch die Ablage dieser prozessrelevanten Informationen eine höhere Automatisierung im Data Warehouse System erreichen lässt (vgl. BAUER, GÜNZEL 2009, S. 72ff).

Metadaten Manager: Der Metadaten Manager ist die zentrale Steuerungseinheit für alle im Repositorium befindlichen Metadaten. Er steuert die Metadatenverwaltung des Data Warehouse Systems und liefert die notwendigen Metadaten an die jeweiligen Architekturkomponenten. Bei metadatengesteuerten Prozessen (z.B. bei der Aktualisierung von Daten aus einer

Datenquelle) arbeitet der Metadaten Manager eng mit dem Data Warehouse Manager zusammen und liefert diesem die notwendigen Metadaten aus dem Repositorium. Der Data Warehouse Manager liefert diese Informationen nun an die jeweiligen Architekturkomponenten, welche die Informationen zur Laufzeit interpretieren und ausführen (vgl. BAUER, GÜNZEL 2009, S. 74f).

3.3.4 Datenbereitstellungsebene

Innerhalb der Datenbereitstellungebene werden die in der Basisdatenbank anwendungsneutral gehaltenen Daten anforderungsspezifisch nach Analysebedürfnissen strukturiert und gehalten. Zentrale Komponente ist hierfür das Data Warehouse.

Data Warehouse: Das Data Warehouse bezeichnet die zugrundeliegende Datenbank, die für die Analysezwecke aufgebaut wird. Auf Basis der Basisdatenbank und dem Repositorium enthält das Data Warehouse alle für die Analysen notwendigen Informationen. Die Strukturierung der Daten im Data Warehouse richtet sich – im Gegensatz zur Basisdatenbank – ausschließlich nach den spezifischen Analysebedürfnissen und ist daher häufig durch ein multidimensionales Datenmodell gekennzeichnet. Mithilfe von OLAP Operationen können unterschiedliche Analysemöglichkeiten auf den multidimensionalen Datenbeständen vorgenommen werden. Das Data Warehouse ist analysespezifisch strukturiert und bietet somit die notwendige Effizienz für die Analysen durch die Anwender (vgl. BAUER, GÜNZEL 2009, S. 59ff).

3.3.5 Analyseebene

Als letzte Ebene umfasst die Analyseebene alle Operationen, die mit den Daten des Data Warehouse durchgeführt werden. Zur Analyse zählen hierbei in einfachster Form die Anfrage und Darstellung von Daten in Berichten, aber auch die Anwendung von Analysefunktionen zur Generierung neuer Informationen. Hierbei kann es sich um einfache Operationen (z.B. Aggregation) oder komplexe statische Untersuchungen (vgl. Data Mining) handeln. Die erzeugten Ergebnisse von Analysen müssen wieder in die Basisdatenbank und das Data Warehouse zurückgeschrieben werden, um eine Rückkopplung zu erzeugen, welche wertvolle Resultate enthält und zu einer Qualitätsverbesserung für die kommenden Analysen führt (vgl. BAUER, GÜNZEL 2009, S. 66f).

3.4 Verteilung des Data Warehouse

Das Ziel eines jeden Data Warehouse ist die anwendungsbezogene, logische Integration des Datenbestandes eines Unternehmens bzw. eines Funktionsbereichs. Dennoch kann eine Verteilung des Data Warehouse in bestimmten Fällen sinnvoll sein (siehe Kapitel 3.4.1). Hier kann der Begriff der Data Marts eingeführt werden.

3.4.1 Data Marts

Wenn auch der Begriff des Data Marts in der Literatur sehr unterschiedlich definiert wird, so kann doch dessen Grundidee festgehalten werden. Hintergrund eines Data Marts ist es einen weiteren inhaltlich beschränkten Fokus des Unternehmens oder einer Abteilung als Teilsicht eines Data Warehouse abzubilden. Gründe hierfür könnten sein (vgl. HUMPHRIES, HAWKINS, DY 1999, S. 41f; BAUER, GÜNZEL 2009, S. 62f):

- Datenschutzaspekte durch eine Teilsicht auf die Daten
- Verringerung des Datenvolumens und somit Verteilung der Last
- Organisatorische Aspekte (z.B. unabhängige Abteilungen)
- Performancegewinn durch Aggregation

Ein Data Mart ist auf die Bedürfnisse einer (Fach-)Abteilung zugeschnitten und kann auch eigenverantwortlich gepflegt und betrieben werden. Ein Data Mart kennzeichnet sich daher durch eine starke Orientierung an dem Anwendungsthema (sowohl in Struktur als auch den Daten), seiner Ausrichtung an einer bestimmten Benutzergruppe (Abteilung) und dem verringerten Datenvolumina gegenüber dem Data Warehouse (vgl. HACKNEY, JENNINGS, BARBUSINSKI 2002; INMON 2005, S. 137f).

Wirft man einen näheren Blick auf die Einbettung von Data Marts in die Gesamtarchitektur, so kann grundsätzlich zwischen abhängigen und unabhängigen Data Marts unterschieden werden (vgl. KUDRAß 2007, S. 432f; BAUER, GÜNZEL 2009, S. 63-65: FARKISCH 2011, S. 68f):

Abhängige Data Marts: Bei dieser Variante enthalten die Data Marts lediglich Extrakte direkt aus dem Data Warehouse, welche allerdings selbst wieder aggregiert sein können. Es findet jedoch keine Datenbereinigung oder Normierung mehr statt, sondern die Data Marts verfügen über die gleiche strukturelle Konsistenz wie das Data Warehouse.

Unabhängige Data Marts: Bei unabhängigen Data Marts stammen die Daten direkt aus Extraktionen auf die Quelldaten. Folglich kann es diese Form von Data Marts nur dann geben, wenn bei der Gesamtarchitektur auf eine Basisdatenbank verzichtet wurde. Häufig tritt eine solche Form von Data Marts auf, wenn in einzelnen Organisationsbereichen unabhängig voneinander „kleinere" Data Warehouses aufgebaut werden. Dies verspricht zwar schnelle Erfolgsszenarien für den eigenen Analysefall, eignet sich aber nicht für übergreifende (z.B. Unternehmensweite

Analysen). Hier müssen dann die analysespezifisch und somit heterogen strukturierten Data Marts wieder zu einem Data Warehouse zusammengefasst werden.

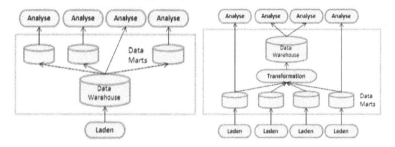

Abb. 3-3: Architektur bei abhängigen (links) und unabhängigen (rechts) Data Marts (i.A.a. KUDRAß 2007, S. 434; BAUER, GÜNZEL 2009, S. 63-65)

4. Phasen des Data Warehouse Prozess

Das Data Warehouse System als Monolith in verschiedene Komponenten zu zerlegen bietet den Vorteil der Vergleichsmöglichkeit dieser statischen Komponenten bei deren Aufbau und Betrieb. Diese in Kapitel 3 beschriebene statische Sicht alleine ist allerdings nicht ausreichend, da ein Data Warehouse System auch die Dynamik der Zusammenarbeit der einzelnen Komponenten in unterschiedlichen Prozessen beinhaltet. Diese dynamische Sicht im Data Warehouse Prozess lässt sich durch die folgenden Phasen visualisieren:

Monitoring	Überwachung der Datenquellen auf Änderungen durch die Monitore.
Extraktion	Kopieren der relevanten Daten aus den Datenquellen mittels Extraktion in den temporären Arbeitsbereich.
Transformation	Transformation der Daten im temporären Arbeitsbereich (Bereinigung, Integration)
Laden	Laden der Daten in die integrierte Basisdatenbank. Laden der Daten in das Data Warehouse für spezifische Analysezwecke.
Analyse	Analyseoperationen auf Daten des Data Warehouse.

Abb. 4-1: Phasen des Data Warehouse Prozess

Es folgt eine detaillierte Beschreibung der Phasen mit deren dynamischen Charakteristika.

4.1 Monitoring

Das Monitoring ist die Initialphase. Hier überwachen die Monitore die Datenquellen auf auftretende Datenmanipulationen und stoßen den Datenbeschaffungsprozess an. Für die Identifikation von Datenmanipulationen in den Datenquellen können folgende Monitor-Strategien unterschieden werden (vgl. VAVOURAS, GATZIU, DITTRICH 1999, S. 5):

- **Triggerbasiert**: Wenn es sich bei der Datenquelle um ein Datenbanksystem handelt, das triggerbasierte Mechanismen unterstützt, so kann die Änderung durch das Auslösen eines Triggers erkannt und in eine Datei oder andere Datenstruktur geschrieben werden.
- **Replikationsbasiert**: Viele Datenbanksysteme bieten Replikationsdienste an, die je nach Konfiguration, geänderte Tupel in eine spezielle Tabelle replizieren.
- **Zeitstempelbasiert**: Bei dieser Methode ist jedem Datensatz ein Zeitstempel zugeordnet, der bei einer Aktualisierung entsprechend aktualisiert wird. Bei der Extraktion kann später entschieden werden, ab welchen Zeitstempeln extrahiert werden soll.

- **Log-basiert**: Hierbei werden die Log-Dateien von Datenbankmanagementsystemen analysiert und daraus ermittelt welche Daten sich geändert haben.

- **Snapshot-Basiert**: Bei dem Snapshot-basierten Verfahren werden die Daten der Datenquelle in festgelegten Zeitabständen in eine Datei (Snapshot) geschrieben. Durch einen Vergleich der Snapshots können Änderungen erkannt werden.

Häufig findet aufgrund der Heterogenität der Quellen eine Kombination mehrerer Monitor-Strategien statt. Jeder Monitor kann hier abhängig der verantworteten Datenquelle eine eigene Monitorstrategie verfolgen.

4.2 Extraktionsphase

Nachdem Datenmanipulationen in den Quelldaten durch die Monitore entdeckt wurden, findet die Extraktionsphase statt. Hierbei werden die durch die Monitore identifizierten Daten aus den quellspezifischen Datenstrukturen ausgelesen und an die Datenstrukturen des Arbeitsbereiches übertagen. In der Regel findet nicht jedes Mal wenn durch die Monitore eine Änderung der Quelldaten erkannt wurde eine Extraktion statt. Die Zeitpunkte, zu denen eine Extraktion durchgeführt wird, können je nach Bedarf unterschiedlich gewählt werden (vgl. BAUER, GÜNZEL 2009, S. 85f):

- **Periodisch**: Die Extraktion findet periodisch, in Abhängigkeit der Dynamik bzw. der gestellten Anforderungen, statt (z.B. Wetterdaten häufiger als Produktspezifikationen).

- **Anfragegesteuert**: Die Extraktion wird durch eine spezifische Anforderung (z.B. eine Produktgruppe wurde um einen Artikel erweitert) angestoßen.

- **Ereignisgesteuert**: Hier findet die Extraktion durch ein vorher fest definiertes Ereignis statt (z.B. der Monitor hat eine bestimmte Anzahl an Änderungen in einer Quelldatei festgestellt).

- **Sofort**: Besteht eine hohe Anforderung an Datenaktualität, so kann eine Extraktion der Änderungen der Quelldaten auch sofort durchgeführt werden (z.B. bei Börsenkursen).

4.3 Transformationsphase

Die nun im Arbeitsbereich befindlichen Daten müssen in der Transformationsphase durch die gleichnamigen Komponenten transformiert werden. Die Transformationsphase im Data Warehouse System umfasst dabei sowohl die Daten und Schemata als auch die Datenqualität an die spezifischen Anforderungen anzupassen. Um eine Homogenisierung von heterogenen Daten zu erreichen, müssen verschiedene Mechanismen im Bereich der Datenintegration und Datenbereinigung angewandt werden diese sind u.a. (vgl. BAUER, GÜNZEL 2009, S. 87-97):

- **Schlüsselbehandlung**: Bei der Übertragung von Datensätzen aus den Quelldaten können Schlüssel meist nicht übernommen werden, da nicht garantiert ist, dass diese eindeutig sind. Daher werden übergreifend eindeutige Schlüssel (Surrogate) definiert.

Datenquelle	Relation	Attribut	Lokaler Schlüssel	Surrogate
System1	Kunde	Kunden_Nr	12356	45
System1	Kunde	Kunden_Nr	56879	50
System2	Customer	Customer_ID	A304	50
System2	Customer	Customer_ID	Y302	55

Tabelle 4-1: Surrogatebeispiel (i.A.a. BAUER, GÜNZEL 2009, S. 88)

Gleiche Surrogate bedeuten, dass es sich um das gleiche reale Objekt (in diesem Fall „Kunde") handelt.

- **Anpassung von Datentypen:** Falls Datentyp von Quell- und Zielattribut nicht übereinstimmen, findet eine Konvertierung statt. Z.B.: Character → Number | „1235" → 1235.

- **Vereinheitlichung von Zeichenketten:** Hierbei geht es primär darum uneinheitliche Zeichenketten (z.B. durch unterschiedliche Verwendung von Umlauten, Abkürzungen) durch Transformation zu vereinheitlichen. Ein übergreifend einheitliches Vokabular sollte im Repositorium definiert sein. Z.B.: „DB" → „Datenbank" | „Gerät" → „Geraet".

- **Umrechnung von Maßeinheiten / Skalierungen:** Häufig werden numerische Merkmalausprägungen in unterschiedlichen Maßeinheiten abgespeichert, die es zu vereinheitlichen gilt. Z.B.: 20 inch → 50,8 cm

- **Kombination / Separierung von Attributwerten:** In bestimmten Fällen ist es notwendig Attributswerte separiert oder kombiniert zu erfassen (z.B. für Berechnungen). Z.B.: Tag = 04, Monat=11, Jahr=1991 → Datum: 04.11.1991

Häufig sind Quelldaten zusätzlich fehlerhaft, redundant, veraltet oder durch fehlende Werte verunreinigt. Durch eine sogenannte Datenbereinigung (engl. data cleaning / data cleansing) können diese Verunreinigungen aufgespürt und korrigiert werden.

Man unterscheidet (vgl. CHAUDHURI 1995, S. 65-74):

- **Data Scrubbing:** Durch Geschäftsregeln (engl. Business Rules) werden Unstimmigkeiten in Daten erkannt und beseitigt. Als Beispiel dient die Beseitigung von Redundanzen im Datenbestand (Duplettenbereinigung – engl. unduplication).

- **Data Auditing:** Bei diesem Verfahren werden durch Data Mining Verfahren Zusammenhänge zwischen Datenbeständen erkannt und daraus Regeln abgeleitet. Abweichungen dieser Regeln dienen dann als Hinweise auf Unzulänglichkeiten in den Daten.

Die beiden genannten Verfahren ergänzen sich in ihrer Funktionalität und Wirkung.

4.4 Ladephase

Nach der Transformationsphase müssen die Daten zuerst in die Basisdatenbank und anschließend in das Data Warehouse geladen werden. Während des Ladens sind die betroffenen Systeme in der Regel für die Verwendung gesperrt, weswegen der Effizienz dieser Phase ein besonders hoher Stellenwert zukommt. Aufgrund der zu ladenden Datenmenge werden hierfür nicht gewöhnliche Datenmanipulationswerkzeuge eingesetzt, sondern sogenannte Bulk Loader, die auf Massenladevorgänge spezialisiert sind. Die Ladephasen der Basisdatenbank und des Data Warehouse sollten an Zeitpunkten stattfinden, an dem das System nicht durch Anfragen der Anwender ausgelastet ist (z.b. nachts, an Wochenenden) (vgl. BAUER, GÜNZEL 2009, S. 98f).

4.5 Analysephase

In der letzten Phase, der Analysephase, wird auf dem zugrundeliegenden Datenbestand des Data Warehouse bzw. der Data Marts eine Analyse und Interpretation der Daten durchgeführt. Ziel ist es hierbei zweckorientierte Informationen zur Unterstützung von Entscheidungsprozessen zu generieren. Während der Analysephase können, neben dem bekannten Datenzugriff mittels Datenmanipulationssprachen (z.b. SQL), die folgenden Ansätze herangezogen werden (vgl. BAUER, GÜNZEL 2009, S. 104ff): (Aufgrund des Fokus dieser Arbeit (siehe Kapitel 1.2), wird hier nicht detaillierter auf diese Punkte eingegangen, sondern es soll auf die entsprechende Literatur verwiesen werden.)

- Online Analytical Processing (OLAP): Der OLAP-Ansatz steht für eine Gattung von Anfragen, die nicht nur einen einzelnen Zugriff auf einen Wert, sondern einen dynamischen, flexiblen und interaktiven Zugriff auf eine Vielzahl von Einträgen erfordert. Beispiel: „Wie hat sich der Umsatz des durchschnittlich meistverkauften Produktes zum Vormonat verändert? (Weiterführende Literatur siehe auch THOMSEN 2002).

- Data Mining: Data Mining ist ein Analyseansatz der darauf abzielt, Beziehungsmuster in den zugrundeliegenden Datensätzen zu ermitteln und durch logische oder funktionale Beziehungszusammenhänge abzubilden (weiterführende Literatur siehe auch KANTARDZIC 2011).

5. Praxisbeispiel Data Warehouse Architektur

Die in den vorgegangen Kapiteln beschriebenen Ansätze sollen nun an einem selbstgewählten Beispiel erprobt werden. Hierfür wird ein fiktives selbstgewähltes Unternehmen beschrieben, welches auf Basis der oben erläuterten Referenzarchitektur ein Data Warehouse System implementiert hat. Es wird dabei die konkrete Umsetzung der Referenzarchitektur aufgezeigt und eine Möglichkeit der Strukturierung und des Zusammenspiels der Komponenten dargestellt.

5.1 Steckbrief

In dem selbstgewählten Praxisbeispiel handelt es sich um die nachfolgende Kaufhauskette:

Unternehmen: Kaufwelt Kaiser AG

Branche: Einzelhandel

Verbreitungsgebiet: Deutschland, mit 20 Filialen verteilt in allen Bundesländern

Jahresumsatz: 950 Millionen €

Kundenstatistik: rund 150.000 Kunden täglich

Anzahl Mitarbeiter: 4586

5.2 Anforderungen und Motivation

Die Kaufhauskette möchte ihre innerbetrieblichen Abläufe, das Kaufverhalten seiner Kunden sowie die Zusammensetzung des Sortiments mithilfe eines Data Warehouse Systems analysieren und optimieren. Dabei werden die folgenden Anforderungen und Ziele an das Data Warehouse System und dessen Architektur gestellt:

Fachlich:

- Das Data Warehouse soll die notwendigen Daten für eine übergreifende und regionenspezifische (Nord, Ost, Süden, West) Portfolio Analyse aufbereiten und bereitstellen. Anhand dieser Informationen soll eine Einteilung der Produkte in die Kategorien „Cash Cows", „Poor Dogs", „Stars" und „Question Marks" möglich sein.

- Mithilfe der Informationen aus den Filialen und den Kassenbons soll eine Warenkorbanalyse je Kundengruppe möglich sein.

- Durch die Sammlung von Informationen über Reklamationen soll die Kundenzufriedenheit, auch in Bezug auf bestimmte Produkte, aufgezeigt werden

- Standortanalysen sollen die Rentabilität von neuen und bestehenden Kaufhäusern messbar machen.

IT-Seitig:

- Im Data Warehouse System sollen sowohl die internen (sehr stark heterogene Quellen) als auch externe Quellen berücksichtig werden können. Zusätzlich soll eine einfache Integration neuer Quellen (z.B. bei der Eröffnung einer neuen Filiale) möglich sein.

- Die verschiedenen Quellen sollen durch das Data Warehouse System bereinigt und harmonisiert werden, sodass auf diesen Daten auch weitere zentrale Systeme aufbauen können.

- Das Data Warehouse soll schnelle Analysen durch entsprechend kurze Reaktion- und Verarbeitungszeiten ermöglichen. Die Downtimes des Data Warehouse sollen minimiert werden.

5.3 Architekturmodell

Unter Berücksichtigung der fachlichen als auch IT-Seitigen Anforderungen wurde auf Basis der in den vorgegangen Kapiteln beschriebenen Referenzarchitektur und deren Komponenten eine konkrete Architektur für das Data Warehouse System der Kaufwelt Kaiser AG entwickelt. Nachfolgende Grafik verdeutlicht die Architektur und deren Zusammenspiel.

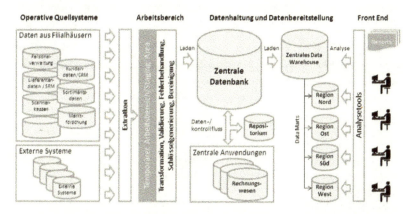

Abb. 5-1: Architektur des Data Warehouse Systems der Kaufwelt Kaiser AG

Die Daten aus den Filialen sowie zusätzliche externe Daten stehen in den einzelnen Datenquellen zur Verfügung. Hierin sind Daten über Kunden, Lieferanten, Sortiment und Käufe enthalten. Aufgrund des schnellen Wachstums der Kaufwelt Kaiser AG und der dadurch bedingten Heterogenität der Datenquellen ist je Datenquelle ein Monitor vorgesehen, welcher die Datenmanipulationen der jeweiligen Quelle überwacht. Da nicht alle Datenbanksysteme der Quellen Trigger unterstützen wird zusätzlich bei den entsprechenden Datenquellen auf eine replikationsbasierte Monitorstrategie zurückgegriffen. Dies ermöglicht nicht zuletzt auch eine einfache Aufnahme neuer Quellen. Die Extraktion findet schließlich periodisch und bei besonderen Anfragen statt.

Im folgenden Arbeitsbereich werden die Daten durch die Transformationskomponente validiert, bereinigt und transformiert. Hier liegt ein besonderer Schwerpunkt auf der Vergabe von Surrogaten sowie auf der Harmonisierung der Daten, da diese durch die Vielzahl der Quellen und die „lokale Hoheit" jeder Filiale in unterschiedlicher Form vorliegen.

Die bereinigten Daten werden anschließend in die zentrale Datenbank geladen, in der diese integriert und anwendungsneutral abgelegt werden. Dadurch können die Daten auch anderen zentralen (operativen) Systemen zur Verfügung gestellt werden (z.B. dem zentralen Rechnungs- wesen). Zusätzlich wird das Data Warehouse durch die zentrale Datenbank versorgt. Ein über- greifendes Repositorium verwaltet die im Data Warehouse Prozess anfallenden Metadaten und stellt diese der zentralen Datenbank bzw. dem Data Warehouse zur Verfügung.

Schließlich werden die Daten in das Data Warehouse geladen, wo diese anwendungsspezi- fisch aggregiert und abgelegt werden. Die Ladephasen können nachts durchgeführt werden, da das Unternehmen noch nicht international tätig ist, wodurch Downtimes vermieden werden können. Neben dem eigentlichen Data Warehouse sind 4 abhängige Data Marts vorhanden. In diesen Data Marts werden nur die Daten der jeweiligen Regionen geladen, welche dort wiede- rum je Region aggregiert vorliegen. Dies ermöglicht eine schnelle und effiziente Analyse sowohl zentraler Anfragen (direkt an das Data Warehouse) als auch spezifischer Anfragen aus den je- weiligen Regionen. Zusätzlich wird dadurch die Last vom Data Warehouse genommen und die Performance erhöht. Der Zugriff erfolgt durch definierte Key User mittels spezieller Analyse- tools.

6.   Fazit und kritische Betrachtung

Der Bereich der Architektur von Data Warehouse Systemen ist sehr umfassend, breitgefächert und nur schwer auf wenige Seiten zu komprimieren. Dies und die Vielzahl an Literatur und wissenschaftlichen Beiträgen zu diesem Thema unterstreicht dessen Bedeutung.

Data Warehouse Systeme sind längst nicht mehr aus einer informationsorientierten Gesellschaft und Betriebswirtschaft weg zu denken. Fundamentale Informationen die ohne Data Warehouse Systeme nur schwer und mit hohem manuellem Aufwand bereitgestellt werden können, werden durch Data Warehouse Systeme schnell, dynamisch und zielorientiert zur Verfügung gestellt. Voraussetzung hierfür ist allerdings die richtige Architektur. Eine Betrachtung von Data Warehouse Systemen als unantastbare Monolithen ist daher höchst unzweckmäßig und mehr als ineffizient. Vielmehr ist es notwendig die einzelnen Komponenten der Architektur dediziert aber auch deren Zusammenspiel vollumfänglich zu betrachten und auf Basis der spezifischen Anforderungen die Architektur zu gestalten. Nur so ist eine erfolgreiche Implementierung eines Data Warehouse Systems und dessen effizienter Betrieb möglich.

Durch die richtige Architektur eines Data Warehouse Systems können die Barrieren der heterogenen und verteilten Daten bzw. Datenbestände überwunden werden, sodass eine einheitliche unternehmensweite Datenbasis definiert, bereitgestellt und für mannigfaltige Analysen, Auswertungen, Simulationen, Prognosen und Berichte genutzt werden kann. Insbesondere da der Architektur ein so hoher Stellenwert zukommt und viele Entscheidungen sehr unternehmensspezifisch zu treffen sind, lässt sich die in dieser Arbeit beschriebene Referenzarchitektur nie als 100 prozentige Blaupause auf ein konkretes Data Warehouse Projekt übertragen. Vor allem die Fragestellung ob und wie eine Basisdatenbank im Data Warehouse System implementiert werden soll, wird in der Literatur sehr kontrovers behandelt. Nichts desto trotz hat das hier gezeigte Praxisbeispiel die Stärken und den Nutzen der hier beschriebenen Architektur gezeigt und die Bedeutung und Positionierung der Basisdatenbank darin bekräftigt.

Für die Planung und Realisierung einer Architektur für ein Data Warehouse System empfiehlt es sich immer den Themenbereich aus verschiedenen Blickwinkeln zu betrachten. Letztlich ist die Akzeptanz eines Data Warehouse Systems das entscheidende Kriterium für dessen Erfolg bzw. Misserfolg. Daher sollten alle architekturrelevanten Fragestellungen nicht ihrer selbst willen, sondern mit den Erwartungen des Anwenders und den Anforderungen des Auftraggebers behandelt werden. Nur so kann eine Architektur entstehen, die den Anforderungen gerecht wird und der Analyse von Daten und somit zur Entscheidungsunterstützung beiträgt.

Literaturverzeichnis

BAUER, Andreas; GÜNZEL, Holger:
Data-Warehouse-Systeme.
Heidelberg: dpunkt.verlag, 3. Auflage 2009.

BÖHNLEIN, Michael; ULBRICH-VOM ENDE, Achim:
Grundlagen des Data Warehousing.
Hrsg.: Universität Bamberg, Lehrstuhl für Wirtschaftsinformatik.
Bamberg 2000.

CHAUDHURI, Surajit; DAYAL, Umeshwar.:
An Overview of Data Warehousing and OLAP Technology.
In: ACM SIGMOD Record
San Jose: (1995) 26, S. 65-74
http://research.microsoft.com/pubs/76058/sigrecord.pdf, 28.12.2012

DODGE, Gary.; GORMAN, Tim.:
Essential Oracle8i data warehousing.
Indianapolis: John Wiley & Sons Inc., 2000.

FARKISCH, Kiumars:
Data-Warehouse-Systeme kompakt.
Berlin: Springer Verlag, 2011.

GOEKEN, Matthias:
Entwicklung von Data-Warehouse-Systemen.
Wiesbaden: Dt. Univ.-Verl., 2006.

HACKNEY, Douglas; JENNINGS, Michael; BARBUSINSKI Les:
What is the relationship between the data warehouse and data marts?
New York, Information Management and SouceMedia Inc., 2002
http://www.information-management.com/news/5462-1.html, 28.12.2012

HUMPHRIES, Mark; HAWKINS, Michael W.; DY, Michelle C.:
Data warehousing.
Upper Saddle River: Prentice Hall PTR, 1999.

INMON, William H.:
Building the data warehouse.
Indianapolis: John Wiley & Sons Inc., 3. Auflage 2005.

KANTARDZIC, Mehmed:
Data Mining.
Hoboken: John Wiley & Sons Inc., 2011

KIMBALL, Ralph; ROSS, Margy:
The Data Warehouse Toolkit.
New York: John Wiley & Sons Inc., 2. Auflage 2002

KUDRAß, Thomas:
    Taschenbuch Datenbanken.
    München: Hanser Fachbuchverlag, 2007.

LEHNER, Wolfgang:
    Datenbanktechnologie für Data-Warehouse-Systeme.
    Heidelberg: dpunkt.verlag, 2003.

PONNIAH, Paulraj:
    Data Warehousing Fundamentals.
    Hoboken: John Wiley & Sons Inc, 2001

THOMSEN, Erik:
    OLAP Solutions: Building Multidimensional Information Systems.
    New York: John Wiley & Sons Inc., 2002

VAVOURAS, Athanasios.; GATZIU, Stella; DITTRICH, Klaus R.;
    Incremental Refreshment of Data Warehouses: The SIRIUS Approach.
    In: Proceeding of Advanced Database Symposium.
    Tokio, ABDS´99, 1999

WREMBEL, Robert; KONCILIA, Christian:
    Data warehouses and OLAP.
    Hershey: IRM Press, 2007